백 년 만의
귀환

| 홍범도 편 |

1판 1쇄 발행 2022년 12월 7일

글 김기정 | 그림 장경혜 | 펴낸곳 한권의책 | 펴낸이 김남중
교정 한지연 | 디자인 나비 | 스캔 공간
주소 (우)03968 경기도 파주시 노을빛로 109-26(202호)
출판등록 제406-2510020110003317호
전자우편 knamjung@hanmail.net
전화 031-945-0762 | 팩스 0303-3139-6129

김기정·장경혜 ⓒ2022

ISBN 979-11-85237-57-2 74810
ISBN 979-11-85237-41-1 (세트)

이 책의 글과 그림은 저작권법에 의하여 보호받는 저작물입니다.
잘못 만들어진 책은 구입하신 곳에서 바꾸어 드립니다.

제품명 도서 | 전화번호 031-945-0762 | 제조년월 2022년 12월 | 제조국명 대한민국
제조자명 한권의책 | 사용연령 9세 이상 | 주소 경기도 파주시 노을빛로 109-26
주의사항 책 모서리에 부딪히거나 종이에 베이지 않도록 주의해 주세요.
KC 마크는 이 제품이 공통안전기준에 적합하였음을 의미합니다.

백 년 만의 귀환

— 홍범도 편 —

김기정 글 · 장경혜 그림

한권의책

| 차례 |

망설이지 마!　8
상상도 못 한 곳　13
고려극장　22
백두산 사냥꾼 범이　30
카레이스키　43
연극 〈의병들〉　55
돌아오다　67
| 역사의 한 순간 |　70

이돌의 시간 여행은 변화무쌍해요.
예상하지 못한 곳에서 낯선 만남까지.
이번 여행은 어디로 향하게 될까요?

망설이지 마!

집으로 가는 길이었습니다.

누가 이돌 옆구리를 쿡 찔렀어요.

"오늘 갈 거야?"

자야가 눈짓을 했어요.

초록 대문에 가자는 뜻이에요.

솔직히 좀 전까지 이돌은 초록 대문으로 갈까 말까 생각하는 중이었죠.

자야가 다시 이돌 어깨를 툭툭 쳤습니다.

"망설이지 마! 그냥 질러야 한다고."

이돌은 어이가 없었어요. 대문 안으로 들어서기만 하면, 토끼처럼 겁먹은 얼굴을 하던 자야잖아요. 까맣게 잊고 용감한 척하다니.

어느덧 둘은 골목 안으로 들어서고 있어요. 빈집을 부수는 기계 소리가 들리지 않아요. 요 며칠 동안 공사를 멈춘 듯했습니다.

자야가 말했어요.

"돌은 잘 있지?"

"응."

엄마 모르게 책상 서랍 안쪽 깊숙이 넣어 두었죠.

이돌이 물었어요.

"돌에 얽힌 비밀은 찾았니?"

자야는 시큰둥하게 대답했어요.

"그만두기로 했어."

"쳇, 그럴 줄 알았지."

이돌이 삐죽이자, 자야가 눈을 흘겼습니다.

"돌에 비밀이 숨겨져 있을 것 같았는데 뒤죽박죽이야. 어쨌건 돌을 모으다 보면 알게 되겠지. 그러니까 더 자주 대문 안으로 가야 한다고."

저 앞에 초록 대문이 보였어요. 자야는 신경이 쓰이면서도 한편으론 마음이 놓이기도 했어요. 곧 토끼 눈을 하고서 벌벌 떨겠지만요.

이번엔 어느 시대, 어느 곳일까?

그건 가 보아야 압니다.

상상도 못 한 곳

 그런데 초록 대문으로 들어선 순간, 이돌은 이상한 기분에 사로잡혔어요. 몸이 점점 들리는가 싶더니, 숨이 막혀 오잖아요.
 눈을 떴을 때는 기절하는 줄 알았어요.
 '이게 무슨 상황이야!'
 웬 아저씨가 이돌의 멱살을 잡고 있어요.
 불그죽죽한 얼굴에 붉은 콧수염, 파란 눈동자!
 뭐라 뭐라 알아듣지 못할 말을 내뱉었습니다.

"놔주세요! 왜 이러세요?"

그때였어요.

"이반……!"

이돌이 알아들을 수 있는 건 이 소리뿐이었어요. 외국 말인 데다 숨을 거칠게 쌕쌕거렸고 기침 소리까지 섞였거든요.

붉은 콧수염은 아랑곳없이 뭐라 뭐라 큰소리만 질러 댔습니다. 이어서 커다란 손이 불쑥 나타나 이돌을 잡고 있던 팔을 잡아챘어요. 그제야 이돌은 풀려날 수 있었죠.

'어찌 된 일일까?'

붉은 콧수염은 성이 덜 풀렸는지 투덜댔고, 맞은편에 선 이는 사정하고 있었어요.

바닥엔 반들반들 윤이 나는 구두와 다 해지고 낡은 군화가 보였어요. 황당하고 갑작스러운 일에 이돌은 눈물이 그렁그렁했습니다.

구두를 신은 이가 성큼성큼 건물 쪽으로 걸어가고 나서야 주위가 잠잠해졌습니다.

"사내놈이 그딴 걸로 찔찔거리냐!"

이돌은 눈물을 쏟을 뻔했죠.

왜냐고요?

말투는 퉁명스러워도 우리말이 틀림없었으니까요.

이돌 앞에는 할아버지 한 분이 가만히 서 있었어요. 허리는 조금 굽었고 한쪽 어깨는 비스듬히 내려앉았습니다. 낡고 두꺼운 외투에 모자를 눌러썼는데 빛바랜 가죽 가방을 가슴께로 질러 멨어요. 낡은 군화만큼이나 오래돼 보였죠. 검버섯이 핀, 쭈글쭈글한 얼굴에 긴 콧수염. 앞니는 숭숭 빠져 있었습니다.

"동이 이놈, 쿨럭, 정말 놀란 모양일세. 쿨럭쿨럭."

성긴 앞니 사이로 밭은기침이 새어 나왔어요.

'이 아이 이름은 동이구나.'

"마을에서 젤로 까부는 놈이 하루아침에 겁쟁이가

되다니……, 쿨럭. 이반이라구, 오늘 매표원으로 들어온 놈이야. 극장 주인 조카라나, 쳇. 네가 극장에 몰래 들어오려는 줄 알고 그런 거다."

할아버지는 말하는 중에도 몇 번이나 가쁜 숨을 몰아쉬었는데, 그때마다 입꼬리에 있는 흉터가 위로 치켜 올라갔어요.

'금방이라도 쓰러지실 것 같아! 근데 누굴까?'

때마침 마차 한 대가 앞에 멈춰 섰습니다.

콧수염을 말아 올린 마부가 모자를 흔들며 소리쳤어요.

"즈드랏스……."

할아버지 기침은 좀체 멈추지 않았어요. 그런데도 둘은 길 위에서 시끄럽게 이야기를 나누었습니다.

"콜록콜록, 어이, 뻬짜! 랏브스뜨레체……."

이돌은 조심스레 주위를 살폈어요.

'여긴 대체 어딜까?'

낯선 건물들과 사람들.

갈색 머리에 불그죽죽한 피부, 파란 눈동자…….

다그닥다그닥. 말이 끄는 마차들이 오가고 있었죠.

'자야는 어디 있지?'

생각할수록 이돌은 어처구니가 없었어요.

시간 여행에서 어느 정도 각오는 하고 있었지만, 다른 나라일 줄이야. 오자마자 봉변도 당했잖아요. 자야까지 잃어버렸으니, 이번 여행은 시작부터 엉망진창이었습니다.

마부가 마차를 몰고 떠나자, 길모퉁이 쪽에서 부르는 소리가 들려왔어요.

"할아버지!"

'앗! 우리말이다!'

여자아이 셋이 종종걸음으로 달려왔습니다.

이돌은 마음이 좀 놓였어요. 짧은 단발머리에 낯익은 옷을 입었거든요.

흰 저고리와 검정 치마.

두 아이가 할아버지 앞에서 펄쩍펄쩍 뛰었어요.

"할아버지!"

"요 간나들, 뭐 급하다고 이리 일찍 왔는가!"

징그럽고 볼품없는 할아버지한테 서슴없이 안기는 여자애들이 신기했어요.

그때 한 발짝 떨어져 있는 여자애가 눈에 들어왔습니다.

오도카니 서서 이돌을 빤히 쳐다보는 아이!

이돌은 눈빛으로 그 아이가 누군지 알아챘어요.

여자아이는 슬쩍 이돌 옆으로 와선 속삭였어요.

"이돌, 너지?"

"응. 여기선 동이라더라."

"호호, 난 순이."

"근데 여기가 어딘 줄 알겠어?"

자야는 손가락으로 건너편을 가리켰어요.

맞은편 건물 벽에 그림이 그려져 있었습니다. 2층 건물을 다 가릴 만큼 큰 그림이었어요. 두 사람 얼굴이 그려져 있는데, 하나는 마른 얼굴에 머리는 벗겨졌고 움푹 들어간 눈이었습니다. 다른 하나는 군복 차림에 점잖은 콧수염을 했어요.

자야가 말했어요.

"한 사람은 TV에서 본 적이 있어."

"누군데?"

"레닌!"

"어떤 사람이야?"

"나도 이름만 알아. 문제는 그게 아냐."

"또 뭐가 있는 거야?"

"아휴, 바보야. 여기는 러시아 땅이라고."

이돌은 눈앞이 아득해졌습니다. 다른 곳도 아니고 러시아라니!

고려극장

두 아이와 할아버지는 어느새 건물 안으로 들어서고 있어요.

자야가 이돌 등을 떠밀었습니다.

"우리도 들어가야 해. 단발머리는 길자고, 머리 땋은 애는 복이야."

"그런 걸 벌써 알았어?"

"눈치코치로 알아야지. 대문을 들어서니까, 눈앞에 저 애들이 조잘대고 있잖아. 할아버지 얘길 들으러 간

다나. 그리고 극장에 왜 왔겠니? 연극 본다더라."

이돌은 건물을 쳐다봤어요. 굵은 돌기둥에다 즐비한 창문까지, 제법 큰 극장이었습니다.

극장 현관문 위쪽으로 간판이 보였어요.

고려극장

우리말로 된 극장 이름이 뭐 대단할 건 없어요. 하나 이곳이 멀고 먼 러시아 땅이라면 얘기가 다르죠.

매표소 앞에선 이반이 잔뜩 골이 난 얼굴로 이돌을 노려보고 있었어요. 당장이라도 목덜미를 잡아챌 것 같았죠.

이돌은 빠른 걸음으로 그 앞을 지나쳤습니다. 뒤에서 투덜대는 소리가 들렸어요.

긴 복도를 꺾어 돌자, 작은 방이 나왔어요.

나무 침대와 이불과 베개. 책상 위에는 책 몇 권과

작은 병들이 놓여 있어요.

  길자와 복이는 익숙한 듯 나무 침대에 걸터앉았어요. 이돌과 자야도 눈치껏 뒤따라 앉았습니다.

  그때였습니다.

  똑똑!

  문 앞에 웬 여인이 서 있었어요. 짧은 머리에 한복을 입은 젊은 여자였죠. 빛이 날 만큼 얼굴이 하얗고 예뻤어요.

  목소리가 또랑또랑 방 안에 울렸습니다.

  "오마나! 웬 꼬마 손님들이야요?"

  할아버지가 의자에서 엉거주춤 일어섰어요.

  다시 보니, 할아버지는 꽤나 큰 키였어요. 어깨가 처지고 허리가 굽지 않았다면 거인이라고 해도 믿을 것 같았습니다.

  "얘들아, 인사드려라. 우리 고려극장 최고 여배우 리함덕 선생이란다."

여배우라고?

그러고 보니, 얼굴이 하얗게 보인 까닭을 알 듯했어요. 막 분장을 했나 봐요.

옆에 있던 두 아이가 재빨리 일어나 인사를 했어요.

"안녕하세요!"

이돌과 자야도 아이들이 하는 대로 고개를 꾸벅했습니다.

할아버지가 말했어요.

"요 맹랑한 순이가 내 이야기를 한번 듣더니, 동무를 셋이나 몰고 와선 귀찮게 하지 뭡니까."

리 선생은 화사한 얼굴만큼이나 웃음도 밝았어요.

"호호, 애들은 복이 많기도 하지. 귀한 얘길 듣다니. 나도 끼고 싶다만, 공연 준비를 해야 해서……."

이돌은 자야 쪽으로 고개를 돌려 작게 속삭였어요.

"야! 네가 우리를 끌고 왔대!"

자야는 얼굴이 빨개져서 실룩였어요.

"어떻게 그게 나냐? 순이라고."

리 선생은 책상 위에 놓인 병을 들어 보곤 얼굴을 살짝 찌푸렸습니다.

"영감님, 또 약을 안 드셨네?"

할아버지가 겸연쩍게 대답했죠.

"늙은이가 약은 먹어서 뭐 하겠습니까? 내 병은 내가 잘 아니 염려 마시오."

리 선생은 장난스럽게 고개를 젓더니, 약병을 열고는 숟가락에 약을 따랐어요. 그러곤 쑥 할아버지 입에 갖다 댔어요. 할아버지는 "어이쿠!" 하면서 숟가락에 담긴 약을 입에 물어야 했지요.

리 선생은 약병을 제자리에 놓으며 말했어요.

"애들아, 영감님 이야기는 꼭꼭 새겨들어야 한단다. 알았지?"

그러고는 총총걸음으로 방을 나섰습니다.

낭랑한 웃음소리가 복도에 한동안 남았어요.

잠시 방 안은 조용했어요.

먼저 말을 꺼낸 건 단발머리 길자였어요.

"얼른 얘기해 주세요."

할아버지가 애써 웃음을 짓자, 빠진 앞니 자리가 드러나고 짙게 파인 칼자국도 따라 움직였습니다.

이돌이 자야에게 귓속말을 했어요.

"얼굴에 흉터가 저렇게 많은 사람은 처음 봐."

"나도 얼마나 놀랐다고."

흉터가 한둘이 아니에요. 칼에 베이고, 꼬챙이에 찔리고……. 울퉁불퉁 흉터투성이였죠. 만약 흉터만 봤다면, 진저리를 치며 멀찍이 도망쳤을지도 몰라요. 하지만 이 초라하고 병든 할아버지에겐 흉터가 왠지 더 어울려 보였습니다.

'저렇게 많은 흉터는 어쩌다 생겼을까?'

할아버지가 다시 밭은기침을 했어요. 처진 어깨가 더 힘겹게 들먹였습니다.

"죽을 때가 되니, 몸도 녹스는구나. 어디까지 얘기를 했더냐?"

"아내는 도적 떼한테 잡혀가고 범이는 떠돌이가 되었댔……."

길자가 말을 맺기도 전에 복이가 조잘댔어요.

"아냐, 호랑이 사냥꾼이 되었댔어."

자야가 이돌 귀에 대고 말했어요.

"이상하지 않니?"

"뭐가?"

"아무 일도 안 일어나잖아."

"그게 어때서?"

짐짓 모른 척했지만 이돌은 속으로 마음이 놓였어요. 가슴이 콩콩 뛰고 등골이 오싹하는 일을 겪지 않을 것 같으니 말입니다. 그래도 좀 이상하다는 생각이 든 건 사실이에요.

백두산 사냥꾼 범이

 이야기를 시작할 때, 이돌은 좀 놀랐어요. 초췌하고 말도 어눌하던 할아버지가 달라졌거든요. 딴사람이 된 듯, 얼굴에 생기가 돌고 금세 말투가 바뀌었습니다.
 "그렇게 범이는 아내가 죽었는지 살았는지 모르고 허망하게 헤어졌으니, 맘이 어땠겠냐? 이곳저곳 몇 년을 찾아 헤매다 포기했지. 떠돌이로 얻어먹으며 살았어. 그러다 어느 마을에 갔을 때다. 밥상을 푸짐하게 차려 와. 배부르게 먹고 보니 웬걸, 사람들 얼굴에 근

심이 가득하지 뭐냐.

'왜 그러시오?' 하고 물으니, 한숨을 푹푹 내쉬어.

'밤새 호랭이 놈이 동네 사람을 물어 갔구려.'

범이는 대접도 잘 받았겠다, 그냥 있을 수 없었지.

대뜸 '그 호랭이 내가 잡겠소!' 했지.

범이가 누구냐! 키는 구척장신에, 힘은 천하장사야. 무서울 게 없어. 내친김에 성큼성큼 산으로 갔구나. 한데 산속을 다 뒤지고 돌아댕겨도 호랭이 코빼기도 안 뵈여. 이놈이 범이가 온다는 얘길 듣고 무서워서 숨은 거로구나."

길자와 복이가 웃었어요.

"에이, 거짓부렁!"

할아버지도 빙글빙글 웃었어요. 그다음부턴 할아버지가 엉덩이를 들썩들썩, 어깨는 움찔움찔, 두 눈은 끔벅끔벅. 그럴 때마다 까르르 웃음이 터졌습니다.

"사흘째 되니깐 범이는 지칠 대로 지쳤어. 발라당

나자빠졌지. 마을 사람들이 챙겨 준 음식이랑 술이 남았는데, 그걸 마저 다 먹고는 바위에 누워 잠이 들었지 뭐냐. 근데 말여, 자다 보니 이상해. 코가 간질간질, 등골이 오싹하지 뭐냐. 실눈을 떠 보니 털 빗자루가 눈앞에서 왔다 갔다 해. 이게 뭔 일인고, 슬쩍 옆을 본께 글쎄…… 황소만 한 호랭이가 뒤돌아 앉아 꼬리를 살랑살랑하고 있는 거야."

"아이고, 어떡해!"

자야가 이돌 어깨를 움켜쥐며 덜덜 떨었어요.

이 대목에선 이돌도 침을 꼴깍 삼켰죠.

복이가 벌떡 일어서서 눈을 동그랗게 떴어요.

"호랭이를 잡았어요?"

"떼끼, 잡기는……."

할아버지는 혓바닥을 내밀고 고개를 흔들었어요. 무지 무섭다는 뜻입니다만, 외려 우스꽝스러웠어요.

복이가 따지듯 물었습니다.

"호랭이 잡는댔잖아요. 천하장사라면서요."

크크. 이돌 눈엔 이야기 잘하는 허풍쟁이 할아버지가 보였어요.

할아버지가 눈썹을 모았습니다.

"글쎄 말이다, 집채만 한 호랭이 얘길 숱하게 들었던 범이지만 눈앞에 딱 보이니껜 몸이 딱 얼어붙지 뭐냐. 그냥 있다간 호랭이 밥이 될 거 같아. 호랭이는 먹이를 잡숫기 전에 장난질을 하던 거다. 먼지를 털어낸 거지. 너희도 뭐 먹을 때 씻고 먹지 않더냐. 그때 마침 범이 손에 술병이 잡혔어. 벌떡 일어나 술병으로 냅다 호랭이 얼굴을 갈겼단다. 찰싹, 쨍강!"

길자가 소리쳤어요.

"술병으로 호랭이 따귀를 때렸다고요?"

"암, 그러곤 뛰어내렸지. 절벽 아래로."

"그럼 죽잖아요."

"끝까지 들어 보렴. 범이는 백두산을 훌쩍훌쩍 날아

다닌 몸이다. 가만있으면 호랭이 밥 신세인데…… 까짓 절벽쯤이야? 아래로 데굴데굴 굴러가다 보니께, 호랭이 놈이 푸아푸아 머릴 흔들더니 따라 뛰어내리는구나. 단번에 덮칠 기세야. 범이는 '아이고, 진짜 죽는구나.' 눈을 질끈 감았다."

방 안이 조용해졌어요.

할아버지는 말을 멈추고서 눈동자를 요리조리 굴렸고, 아이들은 조마조마 가슴이 콩닥댔어요.

"그래서 어떻게 되었어요?"

자야가 고개를 내밀었죠.

할아버지가 껄껄 웃었어요. 놀랍게도 얼굴에 있는 흉터들이 하나도 안 무섭게 느껴지지 뭐예요. 목소리 따라 꼼지락꼼지락하는 것이 말하는 것처럼 보였죠.

"한참 있다 눈을 떴지. 살았나? 죽었나? 한데 세상에……! 절벽 아래에 가지가 두 갈래로 뻗은 큰 소나무가 있는데, 범이를 덮치던 호랭이가 그 가지 사이에

끼고 만 거여. 몸뚱이가 꽉 끼어서 호랭이는 옴죽옴죽 몸부림만 쳐 대고 옴짝달싹 못 해."

길자가 엉덩이를 들썩였습니다.

"그래서요?"

"호랭이를 잡았지. 돌덩이로 대갈통을 바수었다."

"그다음은요?"

"호랭이를 들치어 업고 장에 갔구나. 난리가 났지."

복이가 말했어요.

"에이, 멍청한 호랭이가 실수로 죽은 거잖아요."

신이 난 할아버지는 눈을 희번덕이다가 진지한 얼굴빛으로 말했어요.

"사냥꾼 얘기는 이제부터란다. 자, 들어 보아라. 범이 앞에 한 사람이 나타났어. 김 포수라는 사냥꾼이야.

'자네, 총으로 진짜 사냥을 해 볼 생각 없는가?'

총으로 진짜 사냥을 할 수 있다니 깜짝 놀랐지. 범이가 왕년에 조선 군인이었다고 했지? 깃발 드는 일만

하고 총은 만져 보지도 못했거든. 워낙 귀했으니까.

'자네 호랭이랑 이 총이랑 맞바꾸세!'

얼씨구나 허구선 그러겠다고 했지."

자야가 물었어요.

"그럼, 호랭이 사냥을 시작한 거예요?"

할아버지는 고개를 저었어요.

"아니다. 총은 무서운 물건이야. 함부로 다뤄서도 안 되고 배우기도 힘들단다. 김 포수한테 총 쏘는 법을 배우고 산속으로 들어가 연습을 했어. 처음엔 열 걸음 앞에 과녁을 냅다 맞히고, 다음엔 백 걸음 떨어진 솔방울, 이렇게 3년 하니까 칠백 걸음 밖에 있는 콩알도 맞히더라."

복이가 말했어요.

"이제 사냥해도 되겠네!"

"허허, 아직 멀었다. 김 포수가 다시 찾아왔어. 백발백중! 범이 총 솜씨를 보더니,

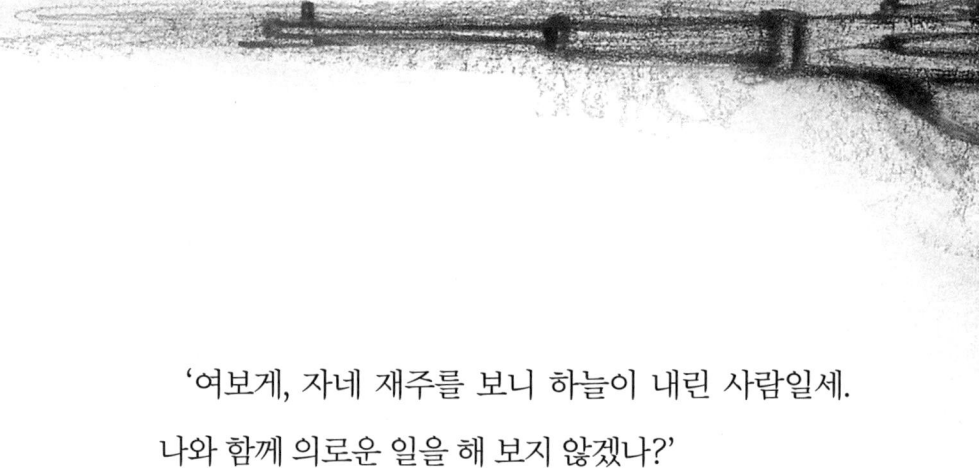

 '여보게, 자네 재주를 보니 하늘이 내린 사람일세. 나와 함께 의로운 일을 해 보지 않겠나?'

 그러면서 자기가 그동안 벌인 일들을 얘기하는데, 김 포수는 오래전부터 다른 사냥을 한다잖아."

 길자가 물었어요.

 "무슨 사냥요?"

할아버지는 입꼬리를 올렸고, 볼의 흉터도 실룩 따라 움직였습니다.

"얼룩이덜룩이 사냥이지. 호랭이는 배고파 사람을 잡아먹는다지만, 그놈들은 교활하고 잔인하고 끔찍해. 사람 죽이는 건 우습지. 사람뿐 아녀. 땅도 야금야금 갉아먹고, 아가리 벌려 집도 홀라당 불태우거든. 오죽하면 범이가 놀라 땅바닥에 주저앉았겠냐. 게다가 한두 놈도 아니고 수천수만이야. 천하장사 범이도 엄두를 못 낸 일인데 김 포수는 아니더라. 포수들을 모아서 은밀하게 얼룩이덜룩이를 잡고 있더구나."

이돌은 자야와 얼굴을 마주 보았어요.

"얼룩이덜룩이가 뭐야?"

"늑대, 표범 이런 건가?"

뭘까? 아리송했지만 어느새 이돌은 이야기에 취해 있었어요.

"범이랑 김 포수는 고갯마루에 숨어서 기다렸다. 한

참 있으니 골짜기로 얼룩이덜룩이들이 어슬렁어슬렁 올라와. 다 해서 열둘이야! 여기는 총 두 자루가 전부야. 총으로 놈들을 겨누었다. 탕! 탕! 두 놈이 쓰러져. 놀란 놈들이 으르렁거리며 덮칠 듯이 달려오는구나. 다시 탕탕! 한 발이라도 어긋나면 안 돼. 내리 일곱을 쓰러뜨리니, 겁을 먹었는지 놈들이 풀숲에 숨네. 범이가 누구냐? 칠백 걸음 밖에서도 콩알을 맞히는 명사수이지 않더냐. 나뭇잎이 흔들, 탕! 바위 위로 빼꼼, 탕! 첫 사냥에서 열두 놈을 잡았지. 그게 시작이었다. 알고 보니, 얼룩이덜룩이 사냥을 하는 이가 꽤 되더라. 백두산에서 포수하던 이들이지. 처음엔 열 명이었다가 나중엔 수백 명이 되었어. 그런데 말이다, 얼룩이덜룩이도 가만 당하고만 있지 않았다. 수백이 떼로 덤비는 데야 어쩌겠느냐. 범이네한텐 총도 많지 않았어. 총알이 떨어지면 맨손으로 싸워야 하는데 당할 재간이 있나. 김 포수도 죽고 말았지. 범이는 멀리 도망을 쳐야 했단다. 그러다 누굴 만난 줄 아느냐?"

길자와 복이가 고개를 갸웃거렸습니다.

"누굴 만났는데요?"

할아버지 얼굴이 환해졌어요.

"아내란다."

"죽은 거 아니었어요?"

"아니었어. 도적 떼를 피해 숨어 살고 있더구나. 아들까지 낳고서."

"범이 아들요?"

"헤어질 때 아내 배 속에 있었단다. 십여 년을 떠돌이로 살다가 죽은 줄 알았던 아내와 아들을 만나니, 꿈만 같았지. 그렇게 몇 해를 지냈는데 그도 오래가지 않았어."

"왜요?"

"범이가 얼룩이덜룩이한테 잡히고 말았거든."

"에구머니나!"

카레이스키

길자와 복이는 입을 다물지 못했습니다.
"잡아먹혔어요?"
할아버지는 고개를 절레절레했어요.
"범이가 쉬이 죽을 것 같으냐? 얼룩이덜룩이를 주먹으로 치고, 발로 차고, 메어치고, 박치기로 까무러치게 한 다음 탈출을 했지. 그길로 한 부대에 들어갔다. 얼룩이덜룩이를 잡기 위해 모인 이들이야. 포수는 몇 안 되고 거의 농사꾼들이야. 범이는 거기서 총 쏘기를 가르쳤어. 총알 하나도 아깝잖아. 범이는 밤낮으로 싸웠다. 밤을 새워 하룻밤에 다섯 번이나 싸운 적도 있어. 몇 해가 흐르니, 범이는 어느덧 오백 명을 거느린 대장이 되어 있었지. 범이 부대는 동에 번쩍 서에 번쩍 했어. 당해 낼 재간이 없으니 얼룩이덜룩이가 비열한 짓을 벌이는구나."

길자가 물었어요.

"무슨 짓인데요?"

"범이가 대장인 걸 알고 이번엔 아내랑 자식을 잡아간 거다."

"그래서 어떻게 되었어요?"

할아버지는 뜸을 들였어요. 주먹 쥔 손을 부르르 떨더니 말을 이었어요.

"얼룩이덜룩이는 범이 아내를 잡아다 갖은 고문을 했더란다. 남편이 어디 있냐고 난리였지. 아내가 말을 하겠냐? 아내가 입을 다물고 버티니까, 아들 편에 편지를 보내더구나.

순순히 항복하면 살려 준다!

범이는 피가 거꾸로 솟는 것 같았지. 며칠 뒤 아내가 죽었다는 소식을 들었다."
할아버지는 말을 멈추었어요.
길자와 복이는 훌쩍였고, 이돌은 머리가 어질어질했어요.
'할아버지 이야기를 어디까지 믿어야 할까?'
백두산 호랑이를 사냥하는 이야기일 거라 여겼는데 아니잖아요. 정체 모를 얼룩이덜룩이가 등장하더니, 식구를 납치해서 죽이기까지 하다니요.
옆을 보았을 때, 이돌은 또 한 번 어이가 없었어요. 자야 얼굴이 눈물범벅이었거든요.
이야기는 이어졌습니다.

"범이는 당장에라도 총을 내려놓고 죽은 아내한테 달려가고 싶었단다. 그럴 수 있겠느냐. 그날 하늘에 맹세했단다. '이 땅에서 얼룩이덜룩이 놈들을 다 쫓아낼 때까지 싸우겠노라!' 드디어 가장 큰 전투를 앞두게 되었지."

좀 전까지 눈물을 흘리던 길자가 환한 얼굴로 펄쩍 뛰었어요.

"아빠한테 들었어요. 전멸시켰다면서요?"

이돌은 길자를 쳐다봤어요.

'얘는 이미 아는 이야기인가?'

길자는 눈을 더 초롱초롱하게 뜨고서 턱까지 괴었어요.

할아버지가 말했습니다.

"거기는 압록강 너머 땅이란다. 지금이야 중국 땅이 되어 있지만, 간도라 부르는 땅은 본디 우리가 터를 잡고 살던 곳이지. 얼룩이덜룩이 놈들이 조선 땅을 다

차지하니, 사람들이 그곳으로 넘어가 살았다. 너희, 혹시 '호랭이 잡는 법'을 아느냐?"

"어떻게 잡는데요?"

이번엔 자야가 물었어요.

"몰이꾼이 꽹과리와 북을 요란하게 두드리지. 호랭이를 막다른 데로 쫓는 거다. 사냥꾼이 길목에서 기다리고. 범이는 이 호랑이 사냥법을 얼룩이덜룩이를 잡는 데 쓴 거야. 돌격대가 먼저 놈들을 공격해. 그러곤 냅다 도망쳐. 얼룩이덜룩이 놈들이 흥분해 날뛰며 쫓아오겠지? 천도 더 되는 놈들이 함정으로 들어오고 있구나. 놈들이 골짜기 안까지 밀고 들어왔을 때, 범이가 사격 명령을 내렸지. 범이한테 사격술을 배운 대원들이니 놓칠 리가 없어. 이백이 넘는 얼룩이덜룩이가 그 자리에서 죽었단다. 한꺼번에 그렇게 많이 잡은 건 처음이란다. 그 소식을 들은 이들이 너도나도 모여들었어. 우린 수천으로 늘었지. 한데 얼씨구, 얼룩이덜룩

이 놈들도 가만있질 않네. 악에 받쳐서 물밀 듯이 쳐들어왔어. 그 수가 이만이 넘어. 역시나 범이 부대가 앞장을 섰단다. 대장 범이의 작전은 하나야. 호랭이 잡는 법! 그렇게 여섯 번이나 싸웠단다. 전투는 이레 동안 이어졌어. 밤이면 마을 여인들이 주먹밥을 만들어 날랐지. 밤낮으로 싸웠단다. 놈들은 삼천이 넘게 죽고 그보다 더 많이 다쳤지."

복이가 물었어요.

"우리가 이겼으니까, 우리 땅을 되찾았겠네요?"

할아버지는 고개를 저었습니다.

"그랬으면 오죽 좋겠느냐? 얼룩이덜룩이는 너희가 상상하는 것보다 훨씬 많고 무섭단다."

"또 이기면 되잖아요."

"놈들은 더 잔인하고 악랄해졌어. 더 많은 얼룩이덜룩이가 밀고 들어왔단다. 얼룩이덜룩이들은 간도에 사는 고려인들을 마구 죽였지. 우린 러시아 땅으로 물

러날 수밖에 없었고. 거긴 연해주란 곳이야. 부대원들이 숱하게 굶어 죽고 얼어 죽었다. 범이 두 아들도 싸우다 죽고 말았지."

이돌이 물었어요.

"고려인이요? 고려 시대 사람 말이에요?"

자야가 이돌 옆구리를 찔렀어요.

"그게 말이 되냐?"

할아버지가 허허 웃으며 말했죠.

"우린 고구려, 백제, 신라부터 고려, 조선으로 이어 왔으니 아주 틀린 말은 아니다만, 간도와 연해주에는 대대로 우리나라 사람들이 살지 않았더냐? 그래서 옛날부터 고려인이라 부른단다. 중국에서는 조선인이라 하고 러시아에선 카레이스키라 부르지."

이돌은 점점 화가 치밀었어요.

"왜 죄 없는 사람들을 죽여요?"

"고려인이어서지. 우리가 누구 할 것 없이 얼룩이덜

룩이와 맞서니까, 놈들은 고려인이라면 마을을 불태우고 애, 어른 가리지 않고 죽였어."

잠자코 있던 자야가 발끈했어요.

"어떻게 그런 짓을……!"

할아버지는 눈시울이 붉어졌죠.

"결국 우리한테도 그날이 오고 말았단다. 러시아는 우리를 먼 땅으로 내쫓았어."

이번엔 이돌도 가만있지 않았습니다. 너무 분하고 말도 안 되는 일이었기 때문이죠.

"우리나라 사람들은 얼룩이덜룩이를 피해서 온 거잖아요. 그런 우리를 다시 내쫓다니요!"

할아버지가 말했습니다.

"러시아도 얼룩이덜룩이를 싫어했지. 하지만 그들은 얼룩이덜룩이와 싸울 엄두를 내지 못했어. 겁먹은 거야. 그들 눈엔 죽기 살기로 얼룩이덜룩이에 맞서 싸우는 고려인이 눈엣가시 같았던 거다. 연해주 땅이 조용할 날이 없으니, 아예 고려인을 멀리 치워 버리겠다는 계획이었다."

그 말을 듣는 순간 이돌은 할 말을 잃었어요.

할아버지도 아까와는 달랐어요. 웃음기도 없어지고 서러움과 분노가 치밀어 오른 얼굴이 되었죠.

"너무나 억울해서 수백 가지 이유를 찾아 봤지만, 딱 하나다. 나라를 잃은 죄야. 떠돌이 신세니, 우릴 함부로 하는 거지."

이돌은 멍해졌어요.

'나라가 없으면 정말 이런 일이 생기는 걸까?'

'나라는 대체 어떤 의미일까?'

길자는 분에 못 이겨 울음을 터뜨렸습니다.

"너무해요. 우리가 나라를 되찾으려고 얼마나 애쓰는데……."

"너희가 걸음마를 뗐을 때다. 연해주에 있던 우리 고려인들은 하루아침에 집과 땅을 버리고 기차에 올라타야 했다. 소나 말을 싣는 화물 기차였어. 길고도 험난한 여정이었다. 수십만 명이 화물차에 짐짝처럼 실려 갔구나. 그리고 추위와 배고픔 속에서 수만 명이 죽었어. 지옥이 따로 없었지. 그리고 마침내 여기 러시아 한복판, 카자흐스탄 황무지에 내동댕이쳐졌다. 얼마나 원통하고 분한 일이냐. 나라 없는 떠돌이라서 당하는 설움이란다."

이돌은 듣도 보도 못한 얘기였죠. 수십만 명이 강제로 끌려왔다니요.

땡땡땡!

종소리가 들린 건 그때였어요.

연극 〈의병들〉

할아버지가 고개를 들었습니다.

"이제 시작하려나 보다. 얼른 가자꾸나."

할아버지를 따라 길자와 복이가 방을 나섰어요.

자야는 눈이 퉁퉁 부어 있었습니다.

"바보. 그딴 이야기에 울고 그러냐?"

"범이는 아내랑 두 아들까지 잃었다잖아. 수만 명이 굶어 죽고 얼어 죽었대."

"이야기일 뿐이라고."

이돌은 의심이 많은 아이가 아니었지만, 아무래도 할아버지 이야기는 수상한 점투성이였어요. 호랑이 사냥이라더니, 정체를 알 수 없는 얼룩이덜룩이가 나오고 전쟁이라니. 어디까지가 이야기이고 어디까지가 사실인지 헛갈리기만 했어요.

그런데요, 극장 안으로 들어서는 순간, 모든 의문은 연기처럼 사라지고 말았습니다.

컴컴한 극장 안은 사람들로 꽉 차 있었어요.

이돌과 할아버지 일행은 극장 맨 뒷줄에 앉았어요.

무대 위로 배우 하나가 나왔어요.

자야가 말했어요.

"여배우 리함덕이야!"

아까 분장한 모습을 봤기 때문에 대번에 알아볼 수 있었죠.

리 선생이 말했어요.

"오늘 처음 여러분에게 선보이는 이 공연은, 우리

고려인의 영웅 홍범도 장군 이야기입니다. 저는 몇 해 전에 홍 장군님을 뵙고 그분이 독립군으로 싸운 이야기를 전해 듣고는 일지를 적었습니다. 그리고 오늘 무대에 올리게 되었습니다."

이윽고 연극이 시작되었어요.

무대는 극장 앞이고, 노인과 청년이 서 있어요.

청년: 세상은 전쟁으로 난리인데, 영감은 늘그막에 극장 문지기나 하시니 팔자 좋으슈.

홍범도: 그게 무슨 말인가! 몸은 늙었어도 지금이라도 총을 들 수 있다네. 내 총 솜씨는 아직 녹슬지 않았어.

연극은 장군 홍범도의 젊은 시절 이야기로 시작해요. 청년 홍범도는 어깨에 총 두 자루를 메고 백두산을 누비며 일본군과 싸우죠. 수많은 독립군이 쓰러지고 수십

배 많은 일본군이 몰려와요. 그런데도 홍범도가 이끄는 독립군은 매번 일본군을 무찌릅니다. 일본군은 나중에는 기어이 홍범도의 아내와 아들을 잡아 와요.

일본군 대장: 네 남편 홍범도가 있는 곳을 대라.

아내: 나는 홍범도의 아내다. 자랑스러운 독립군 대장의 아내로서 어찌 그런 짓을 하겠는가? 어서 날 죽여라.

아내 역은 리 선생이었어요. 곧잘 웃던 리 선생은 아주 굳세고 단호한 여인 역할을 했어요.

갖은 고문에도 아내는 한마디도 안 하죠. 일본군 대장은 홍범도의 아들을 독립군 진지로 보냈습니다. "순순히 항복하면 살려 준다."라는 편지와 함께요. 장군 홍범도는 울부짖으며 편지를 찢습니다.

홍범도: 내 아들 양순아, 네가 진정 나의 아들이 맞느

냐? 어찌 이 부끄러운 편지를 들고 날 찾아왔단 말이냐. 너는 내 손에 죽는 게 낫다!

장군 홍범도는 아들을 향해 총을 쏘고 총알이 아들 귀를 스치고 지나가요.

그 순간 관객들은 "아이고!" 소리를 냈어요. 이돌과 자야도 마찬가지였어요. 서로 손을 맞잡고 떨어 댔으니까요. 아버지가 아들을 총으로 쏘다니요.
자야가 말했어요.
"이돌아, 연극 내용이 아까 할아버지 이야기랑 비슷하지 않니?"
"맞아. 백두산 사냥꾼 범이……."
'할아버지는 우리한테 홍범도 장군 이야기를 들려준 것일까? 얼룩이덜룩이는 일본군이었어!'
연극 속에서 전투는 점점 치열해졌어요. 독립군은

봉오동 전투와 청산리 대첩에서 수천수만 명의 일본군과 맞닥뜨려요. 그리고 마침내 일본군을 무찌르면서 막을 내렸습니다.

극장 안은 박수 소리로 떠나가는 듯했어요.

불이 환히 켜졌고 거기서 이돌은 보았어요.

자리를 가득 메운 사람들을요. 할머니, 할아버지부터 아저씨, 아주머니, 청년, 아이까지. 바로 할아버지가 말했던 고려인들이었어요.

자야가 파르르 떨었어요.

"다 우리나라 사람들이야. 이런 곳에 이렇게 많이 살고 있었다니!"

그리고 누군가의 입에서 노랫가락이 흘러나왔죠.

노래는 잔잔하게 울려 퍼졌습니다.

아리랑 아리랑 아라~리요
아리랑 고개로 넘어간다

이돌과 자야도 따라 부르고 있었죠. 극장 안에 모인 사람들과 똑같이 눈시울이 붉어졌습니다.

극장 뒷문 쪽에는 낯익은 얼굴도 있었어요. 훌쩍이고 있는 매표소 직원 이반!

다시 막이 오르고 배우들이 다 같이 인사를 했습니다. 박수가 더 뜨거워졌고 리 선생이 말했어요.

"여러분, 이 자리에 홍범도 장군님이 와 계십니다!"

다음 순간 관객들은 동시에 한곳을 바라봤습니다.

이돌도 사람들 눈길을 따라 그곳을 바라보았어요.

서너 칸 옆자리예요. 군복 외투를 입고 가죽 가방을 멘……. 아, 바로 할아버지예요! 아까까지는 늙고 병든 노인이라고만 생각했는데, 아니었습니다.

자야는 놀란 얼굴로 말했어요.

"할아버지가 홍범도 장군이셨어."

할아버지는 완전히 다른 모습이었습니다. 어깨는 처지지 않았고 허리도 굽지 않았어요. 꼿꼿이 서서 말하는 할아버지 목소리는 자못 비장했어요.

"나는 실패한 지휘관에 지나지 않소. 스러져 간 나의 동지들을 기억해 주시오. 그들이 바로 진정한 영웅이오."

눈에 눈물이 아른거렸습니다.

"우리 고려인은 조국을 잃고 멀고 먼 러시아 이곳까지 왔소. 비록 나라를 잃고 떠돌이 신세지만 우리는 반드시 조국 땅으로 돌아갈 것이오."

할아버지는 잠시 눈을 감고 어깨에 멘 가방을 어루만지더니 가방 단추를 풀었어요. 그리고 천천히 무언가를 꺼내 들었습니다.

앗, 황금빛으로 빛나는 권총!

홍범도 장군의 목소리는 우렁우렁했어요.

"내 마지막 소원은 나의 나라로 돌아가는 것이오. 그날은 반드시 오고야 말 것이오."

자야가 울먹이며 소리쳤어요.

"할아버지!"

그때였어요.

뭔가가 똑! 소리를 내며 바닥에 떨어지더니, 이돌 발 앞으로 굴러왔습니다. 처음엔 총알인 줄 알았죠. 아니었어요.

황금빛으로 반짝이는 돌멩이!

이돌과 자야는 그게 무엇을 뜻하는지 알았습니다.

돌아갈 시간이 된 거예요.

돌아오다

초록 대문 앞에서 자야가 훌쩍이고 있습니다.

"할아버지는 독립군 대장이셨어. 아내랑 아들들까지 잃고……. 아, 우리는 그런 일이 있었다는 걸 왜 몰랐지?"

여러 가지 생각이 이돌 머릿속에서 오갔습니다.

평생을 독립군으로 싸웠던 할아버지.

늙고 병들어 죽어 가면서도 나라를 되찾을 꿈을 버리지 않았던 홍범도 장군.

이름 없이 죽어 간 수많은 의병들, 독립군들.

자야가 말했어요.

"난 우리나라가 독립을 할 수 있었던 건, 제2차 세계대전에서 미국이 일본을 이겼기 때문이라고만 믿고 있었어. 그런데 그렇게 많은 독립군이 목숨을 걸고 싸웠을 줄이야."

그날 저녁 자야한테서 전화가 왔습니다.

"이돌, 홍범도 할아버지가 돌아오셨어."

"뭐라고? 정말이야?"

"얼마 전에 카자흐스탄에서 홍범도 할아버지 유해를 우리나라로 모셔 왔대."

이돌은 그날 밤 잠을 이루지 못했습니다.

모르고 있던 게 너무나 많았기 때문입니다.

'아, 저절로 얻어지는 건 하나도 없어.'

| 역사의 한 순간 |

2021년 8월 15일, 비행기 한 대가 우리나라 하늘로 들어서고 있었어. 그 주위를 공군 전투기 여섯 대가 호위했지. 이 비행기는 아주 특별한 분을 모시고 오는 길이었거든.

홍범도 장군!

평생 독립을 위해 일본과 싸운 장군의 유해를 모시고 온 거야.

1895년 의병을 시작으로 1920년 김좌진 장군과 함께 이끈 청산리 대첩까지……. 숱한 독립 항쟁 전투를 치른 장군이자 영웅이지.

그런데 어이없게도 조국의 독립을 위해 다음 전투를 준비하던 독립군은 소련과 일본 사이에 맺은 정치적 모략으로 무장 해제가 돼. 연해주에 있던 20만 명에 가까운 고려인도 하루아침에 카자흐스탄 황무지로 쫓겨나지. 나라를 잃은, 떠돌이 백성이었으니 어쩌겠어.

홍범도 장군도 카자흐스탄행 열차에 몸을 실어. 그리고 백두산에서 독립군을 호령하던 장군은 중앙아시아 고려극장의 수위로 삶을 마감해. 나이 일흔여섯! 장군의 쓸쓸한 죽음이었지.

더 가슴 아픈 건, 해방되고 수십 년이 흐르는 동안 우리가 장군을 제대로 몰랐다는 거야. 그곳은 오랫동안 공산 국가의 땅이었고, 우린 아직 남북으로 나뉘어 있잖아.

2021년에야 장군은 돌아왔어. 1921년 일본군에 쫓겨 국경을 넘은 지 100년, 1943년 카자흐스탄에서 돌아가신 지 78년 만이지.

꿈에서도 그리던 조국, 비록 살아서 돌아오시진 못했지만, 장군은 그 긴 세월을 견디어 뼛조각이 되어서라도 돌아오신 거지.

이제 시작이야.

어긋났던 역사를 바로잡아 세우는 일!

역사의 한 순간

책씨앗 | 고래가숨쉬는도서관 | 행복한아침독서 추천도서

수상한 글자를 만나다 | 세종 대왕 편 |

세종 대왕은 왜 한글을 만들었을까? 그리고 한글 창제를 끝까지 막으려 했던 사람들은 도대체 누구였을까? 주인공 이돌이 초록 문을 지나 도착한 시간은 세종이 밤낮없이 한글 창제에 매달리고 있던 순간이었다. 그곳에서 한글 창제에 결사반대하는 최 교리와 맞닥뜨리는데….

거대한 줄다리기 | 이순신 편 |

단 열세 척의 배로 133척의 왜군을 무찔렀던 위대한 역사. 명량 대첩이 벌어졌던 바로 그 순간으로 역사 여행을 떠난 이돌. 알 수 없는 자객을 따돌리며 도착한 바닷가 작은 마을에서 겪은 일은 뜻밖에도 이상한 줄다리기 시합이었는데….

네 발의 총소리 | 김구 편 |

'뭔가 빠뜨린 것 같은데…?' 아쉬운 발걸음을 떼며 건물을 나서던 순간 들려온 네 발의 총소리! 눈빛이 매서운 남자를 피해 겨우 집으로 돌아왔지만 컴퓨터에서 마주한 역사적 사실에 이돌은 눈물을 멈추지 못하는데….

나무에 새긴 간절한 희망 | 팔만대장경 편 |

보물을 가득 실은 배가 들어온다는 소식에 사람들은 모여들고, 무언가 비밀을 숨긴 놀지를 따라 배에 오른 이돌. 그곳엔 뜻밖에도 글자가 새겨진 팔만 장의 나무 판이 있었다. 그리고 바다 건너편에서 갑자기 수백 개의 깃발이 나부끼는데….